GUÍA DE LECTURA

Escrita por Cécile Perrel
Traducida por Tamara Montes Blanco

Los crímenes de la calle Morgue

de Edgar Allan Poe

Entiende fácilmente la literatura con

ResumenExpress.com

www.resumenexpress.com

EDGAR ALLAN POE

HOMBRE DE LETRAS ESTADOUNIDENSE

- **Nacido en 1809 en Boston (Estados Unidos)**
- **Fallecido en 1849 en Baltimore (Estados Unidos)**
- **Algunas de sus obras:**
  - *Manuscrito hallado en una botella* (1833), relato
  - *La caída de la Casa de Usher* (1839), relato
  - *La carta robada* (1845), relato

Edgar Allan Poe, nacido en Boston en 1809, es un poeta y escritor de novelas y relatos cortos estadounidense que ha marcado profundamente la historia de la literatura. Conocido sobre todo por sus relatos de atmósfera sombría y misteriosa, se le considera el precursor tanto de la novela policíaca como de la ciencia ficción y del género fantástico.

Tras haber estudiado en la Universidad de Virginia y desarrollado una corta carrera militar, se esfuerza con dificultad por vivir de su pluma escribiendo para periódicos, pero también publicando poemas, así como una novela, *Las aventuras de Arthur Gordon Pym*. Cosechará sus mayores éxitos gracias a sus relatos, especialmente *La caída de la Casa de Usher*, *El hombre de la multitud*, *El gato negro* y muchos otros. Muere en Baltimore en 1849.

LOS CRÍMENES DE LA CALLE MORGUE

UNA HISTORIA EXTRAORDINARIA

- **Género:** relato
- **Edición de referencia:** Poe, Edgar Allan. 2004. *Los crímenes de la calle Morgue*, en *Historias extraordinarias*. Traducido por Imma Baldocchi Puig. Barcelona: Edebé
- **Primera edición:** 1841
- **Temáticas:** investigación policial, asesinato, pistas, deducción, mente analítica

Los crímenes de la calle Morgue es el primer relato de la antología *Historias extraordinarias*. Se publicó por primera vez en 1841 en una revista estadounidense.

La historia es un ejemplo de la mente analítica a través del personaje de Dupin, una especie de detective que resuelve casos fiándose tan solo de sus deducciones lógicas. Durante una estancia del narrador en París, un doble asesinato sume a la policía en el desconcierto: encuentran brutalmente asesinadas a la señora y la señorita l'Espanaye, una madre y su hija que vivían solas en una casa parisina. Se arresta a un hombre, pero aparentemente no se trata del culpable y quedan muchas cuestiones por aclarar. Dupin encuentra al verdadero culpable gracias a su mente analítica.

RESUMEN

El narrador se encuentra en París en la primavera y en el verano de 18**. Entabla amistad con un francés llamado Dupin, hijo de una familia ilustre, pero arruinada. Al mismo tiempo, un doble asesinato deja perpleja a la policía parisina: han encontrado brutalmente asesinadas a una madre y su hija, la señora y la señorita l'Espanaye, que vivían prácticamente recluidas en su casa parisina.

Los vecinos, alertados por unos gritos en mitad de la noche, acudieron rápidamente y oyeron voces.

Según sus declaraciones, una de estas voces era de un francés y la otra resultaba difícil de identificar. Al entrar en la casa de las dos mujeres, descubrieron a la señorita l'Espanaye estrangulada y encastrada en el conducto de la chimenea. En cuanto a su madre, yacía en el pasillo del inmueble, decapitada. Nadie alcanza a comprender a quiénes pertenecían las voces que oyeron, dado que no son las de las víctimas.

Tras una investigación policial, se arresta al empleado de un banco: ayudó, unos días antes, a la señorita l'Espanaye a transportar hasta casa de esta una importante suma de dinero. Por lo tanto, el motivo del doble asesinato podría ser el robo. Sin embargo, se encontró casi la totalidad del dinero en el lugar del crimen. La policía se estanca.

Dupin, que conoce al prefecto de policía, obtiene la autorización para entrar en la casa de las l'Espanaye. Observa el lugar con atención y después se vuelve a casa, acompañado del narrador. Comienza entonces una conversación durante la cual Dupin demuestra la fuerza de su mente analítica.

Según él, hizo falta una fuerza bestial para decapitar a la madre tan limpiamente y para introducir a la hija en el conducto de la chimenea. Asimismo, Dupin el lugar por el que huyó al asesino, dato que se les escapó a los investigadores. Además, dos elementos le intrigan: una de las muertas sostenía en la mano unos extraños pelos, y las manos que estrangularon a la hija no podían ser humanas, ya que las marcas de los dedos no correspondían.

Tras las investigaciones, Dupin constata que las marcas de

estrangulamiento pertenecerían a un orangután, así como los pelos encontrados en el lugar, pero ningún zoológico de París ha perdido a ese animal. Por lo tanto, solo puede tratarse de la bestia que un marino hubiera traído de uno de sus viajes.

Dupin, a fin de atraer al propietario del animal a su casa, deja un anuncio en un periódico en el que indica que se ha encontrado un orangután. Como única información dice que es necesario presentarse en su dirección.

Llega un hombre. Es un marino francés que, bajo la presión que ejerce Dupin sobre él, termina por confesar todo. El orangután es suyo y, efectivamente, es el animal el que cometió los dos crímenes. Entonces comienza a explicar cómo se desarrollaron los hechos.

Una noche, al entrar en casa, el hombre descubrió al animal con una navaja de afeitar en la pata mientras imitaba a un hombre que se estaba afeitando. Al ver a su amo, el simio se asustó y, con la navaja aún en la mano, huyó. En plena noche, comenzó una persecución por las calles de París.

La ventana de un apartamento del que salía mucha luz llamó mucho la atención del animal: era la de las l'Espanaye. Entró por la fuerza y sorprendió a las dos mujeres. El marino consiguió subir tras el animal, pero no pudo abrir la ventana y tuvo que asistir a la escena con impotencia. Una vez más, con la navaja en la mano, el simio imitó el gesto del barbero delante de la señora l'Espanaye, pero la anciana estaba tan aterrorizada, y sus gritos asustaron tanto al animal, que este le cortó el cuello en un ataque de pánico. La hija se desmayó, y el simio, furioso, la estranguló. Espantado por los gritos de su amo, intentó esconder su crimen introduciendo el cuerpo de la hija en la chimenea. Después, lanzó afuera el cuerpo de la madre y, a continuación, saltó por la ventana y huyó. El marino, al temer que lo tomaran a él por el responsable, también huyó. Por lo tanto, las voces que oyeron los vecinos eran las del marino y el simio.

Dupin se presenta en casa del prefecto de policía y le explica su teoría. El empleado de banco es declarado inocente y liberado. El marino, que no es investigado, recupera su simio y lo vende a un zoo.

ESTUDIO DE LOS PERSONAJES

EL NARRADOR

Poe no dice nada de él. No conocemos ni su nacionalidad (solo nos imaginamos que no es francés), ni su edad. Únicamente se indica que en el momento en que transcurren los hechos a los que se alude en este relato, se encuentra en París durante unos meses, pero no conocemos las razones de su estancia.

Además, no es el protagonista de la historia, solo está ahí para relatar los hechos. Se puede identificar totalmente con el propio Poe, puesto que sirve de enlace entre Dupin y los lectores.

DUPIN

Es un francés nacido en una familia ilustre, pero arruinada. Vive en un barrio apartado de París y su único lujo son los libros. De hecho, conoce al narrador a través de ellos, puesto que ambos estaban buscando la misma obra.

Es un excéntrico que adora la noche. Durante el día, cierra ventanas y postigos para crear ilusión de penumbra y se queda metido en casa. Por la noche, sale a pasear por las calles.

Hace apología de la mente analítica y defiende el razonamiento lógico basado en deducciones evidentes.

CLAVES DE LECTURA

ESQUEMA NARRATIVO

Situación inicial: es el comienzo de la historia, el momento en el que se ofrece el contexto y se presenta a los personajes. La situación está equilibrada, es decir, que no hay ningún motivo para que evolucione.

- El narrador y Dupin se conocen en París. Viven tranquilamente, ocupan la mayor parte de su tiempo en leer o pasear.

Elemento perturbador: es un acontecimiento que modifica la situación inicial y que desencadena la historia propiamente dicha.

- La señora l'Espanaye y su hija son brutalmente asesinadas en su domicilio.

Peripecias: son las acciones que provoca el elemento perturbador y que desencadenan la o las acciones del protagonista para resolver el problema.

- La investigación es difícil y, aunque se ha arrestado a un hombre, la policía tiene dificultades para resolver el caso. Dupin va al lugar del crimen y descubre pistas que se le han escapado a la policía, o que esta ha ignorado. Ahora solo falta saber cómo interpretarlas.

Desenlace: pone fin a las peripecias y conduce a la situación final.

- Dupin comprende que quien ha cometido el crimen no es un hombre, sino un animal. Encuentra a su propietario y hace que este confiese la historia. El crimen se resuelve y se libera al hombre que había sido acusado y encarcelado injustamente.

Situación final: es el término de la historia. La situación vuelve a ser estable, igual que la situación inicial, pero ha sufrido transformaciones.

- El simio que se había escapado aparece y su dueño lo vende a un zoológico, donde sabrán cómo cuidar de él. Dupin y el narrador retoman sus respectivas vidas.

UN RELATO POLICÍACO

Los crímenes de la calle Morgue pertenece al género del relato.

Un relato es una historia de longitud media que aparece en la Edad Media, pero que vive su momento de auge en el siglo XIX, en España con Benito Pérez Galdós (1843-1920), Emilia Pardo Bazán (1851-1921) o incluso Leopoldo Alas Clarín (1852-1901), y en el extranjero con Poe.

El relato presenta las siguientes características:

- siempre es un texto corto, de algunas decenas de páginas;
- se centra en un único acontecimiento. Aquí, Poe cuenta la historia de unos crímenes y el lector asiste a la resolución del caso;
- interactúan muy pocos personajes. Aquí, los protagonis-

tas principales son Dupin y el narrador, y hay muy pocos personajes secundarios;

* sus retratos están poco o nada desarrollados, aún más en el caso de *Los crímenes de la calle Morgue*, ya que no conocemos, particularmente, nada del autor;
* el marco espaciotemporal es reducido: aquí la acción se desarrolla únicamente en París y en un lapso de tiempo muy corto, unos pocos días.

Además, este texto es un relato policíaco, género que se considera inventado por Poe. Ya se trate de una novela o de un relato, la historia policíaca sitúa siempre en la escena la elucidación de un crimen —que suele consistir en uno o varios asesinatos— por parte de un investigador. El texto se organiza alrededor de esta elucidación, desde la presentación del caso hasta su resolución. Por lo tanto, el investigador tiene que reconstruir lo que ha pasado, a partir de testimonios —que provienen de testigos del crimen— y de pistas —es decir, las huellas que el criminal deja en el lugar de sus desafueros—.

En *Los crímenes de la calle Morgue*, la única finalidad de la historia es descubrir al asesino y conocer el trasfondo del caso. Aquí, Dupin es quien cumple la función de investigador. Corresponde totalmente al arquetipo de detective que tiene que descifrar pistas a fin de reconstituir las piezas de un puzle, fiándose tan solo de la lógica y el análisis. Por un lado, los testimonios de los que dispone son los de los vecinos y son exclusivamente auditivos, pero resultan tan confusos e incluso contradictorios que no son de ninguna ayuda. Por otro lado, las pistas consisten en pelos y extrañas huellas en el cuello de las víctimas estranguladas.

Asimismo, las historias policíacas siempre sitúan en la escena varios tipos de personaje:

- la víctima, que suele servir de punto de partida de la trama. Aquí, tenemos dos: la señora l'Espanaye y su hija, brutalmente asesinadas en su domicilio;
- el investigador, del que ya hemos hablado. Lo más habitual es que pertenezca a las fuerzas del orden, pero no es el caso en este relato;
- el sospechoso: por lo general, no es el auténtico culpable, sino una persona que parece tener un móvil para cometer el crimen. En el relato de Poe, el empleado del banco resulta ser un sospechoso ideal;
- el culpable: se trata de quien realmente ha cometido el crimen y parece inocente durante un tiempo por el arresto de un sospechoso. Aquí es un orangután, extraño culpable que no tenía un móvil concreto, pero al que el miedo lo empujó a matar.

PARA IR MÁS ALLÁ

EDICIÓN DE REFERENCIA

- Poe, Edgar Allan. 2004. *Los crímenes de la calle Morgue*, en *Historias extraordinarias*. Traducido por Imma Baldocchi Puig. Barcelona: Edebé.

EN RESUMENEXPRESS.COM

- Guía de lectura de *La caída de la Casa de Usher* de Edgar Allan Poe.
- Guía de lectura de *La carta robada* de Edgar Allan Poe.
- Guía de lectura de *El gato negro y otros relatos* de Edgar Allan Poe.
- Guía de lectura de *El escarabajo de oro* de Edgar Allan Poe.
- Guía de lectura de *Manuscrito hallado en una botella* de Edgar Allan Poe.

Muchas más guías para descubrir tu pasión por la literatura

www.resumenexpress.com